Introduction
PAR ARGIRIS MALAPANIS

« Avez-vous un livre de ce Cubain, le Che ? » m'a demandé José, un travailleur de la salaison Smithfield de Landover au Maryland, en septembre dernier. Il sortait en camion de l'usine quand il a rencontré un groupe de jeunes qui distribuaient de l'information sur la campagne de James Warren et d'Estelle DeBates, les candidats du Parti socialiste des travailleurs à la présidence et à la vice-présidence des États-Unis dans les élections de 1992. José a dit qu'il s'intéressait au socialisme et que même s'il n'avait rien lu de lui, il connaissait le Che comme « l'un des plus grands socialistes de l'histoire ».

Le lendemain, un groupe de jeunes partisans de la campagne de James Warren et d'Estelle DeBates est allé faire campagne à l'université du Maryland. Nous avons trouvé parmi les étudiants le même genre d'intérêt pour les livres portant sur la révolution cubaine, dont les livres écrits par Ernesto Che Guevara et ceux qui portent sur lui.

« Qui était le Che ? » a demandé Robert, un étudiant qui participait pour la première fois à une table d'information pour la campagne. Il venait d'avoir plusieurs longues discussions sur Cuba avec d'autres étudiants originaires du Liban et de l'Éthiopie. Il a demandé : « Est-il vrai qu'il n'y a pas de dictature à Cuba ? Pourquoi les régimes staliniens d'Union soviétique et d'Europe de l'Est ont-ils éclaté ? Ce qui est arrivé en Russie se produira-t-il aussi à Cuba ? »

La présente brochure décrit les idées de Che Guevara sur la façon d'organiser les travailleurs et les agriculteurs afin d'effectuer la transition vers le socialisme et d'assurer que « ce qui est arrivé en Russie » ne se produise pas à Cuba, ni dans les Cuba à venir.

Pour le Che, il ne s'agissait pas là de spéculations abstraites. Le Che est un révolutionnaire né en Argentine qui a participé au milieu des années 50 à la lutte pour renverser la dictature de Fulgencio Batista à Cuba. Il est devenu l'un des dirigeants centraux du gouvernement révolutionnaire qui a pris le pouvoir dans cette île des Antilles en janvier 1959. Il a été tué en octobre 1967 en Bolivie par des soldats entraînés par les États-Unis, au moment où il dirigeait une lutte de guérilla pour renverser le régime tyrannique qui dominait ce pays. Cette brochure explique en quoi les perspectives mises de l'avant et défendues par le Che sont encore d'actualité pour répondre aux défis auxquels est confrontée la révolution cubaine dans le monde des années 90. Ces perspectives sont importantes non seulement pour le peuple cubain, qui lutte aujourd'hui au milieu de très grandes difficultés économiques, mais aussi pour les travailleurs et les jeunes du monde entier.

Cuba survivra-t-il aux problèmes économiques auxquels il fait face ? Le socialisme est-il à l'origine de ces difficultés ? Que dire de l'embargo économique imposé par les États-Unis contre Cuba, qui dure maintenant depuis plus de 30 ans ? Est-il encore possible aujourd'hui de lutter pour le socialisme ?

Cette brochure écrite par Mary-Alice Waters aborde ces questions et plusieurs autres. Ce sont les mêmes questions qui m'ont souvent été posées lorsque je faisais campagne pour l'alternative socialiste dans les élections U.S. en 1992, de même qu'au cours de nombreux voyages que j'ai faits à l'étranger au cours des deux dernières années en tant que représentant de l'Alliance des jeunes socialistes à des réunions de la Fédération mondiale de la jeunesse démocratique et d'autres organisations. J'ai rencontré des jeunes qui ont insisté pour discuter de ces questions — à Jérusalem et dans d'autres villes de la Cisjordanie et de la bande de Gaza ; à Nicosie, sur l'île de Chypre ; à Athènes, en Grèce ; à Belgrade, Dubrovnik et Sarajevo, dans ce qui était la Yougoslavie ; à Mexico, São Paulo et dans d'autres villes de l'Amérique latine.

Le texte de cette brochure a d'abord été publié en 1992 comme introduction à l'édition française de *Che Guevara : l'économie et la politique dans la transition au socialisme*, un livre des éditions Pathfinder écrit par l'économiste cubain Carlos Tablada. Le même livre a aussi été publié par Pathfinder en anglais en 1989. L'édition en espagnol a été publiée à Cuba en 1987. Pathfinder publie plusieurs autres livres de Che Guevara, dont *Le socialisme et l'homme à Cuba*, en anglais, en espagnol, en français et en plusieurs autres langues ; *Che Guevara Speaks* [Che Guevara parle], publié pour la première fois en 1967 quelques semaines après l'assassinat de Che Guevara ; et *Che Guevara and the Cuban Revolution* [Che Guevara et la révolution cubaine], le recueil le plus complet de ses écrits et discours en un volume.

L'auteur de cette brochure, Mary-Alice Waters, est la directrice de la revue marxiste *New International*. Elle a aussi dirigé la publication de *To Speak the Truth: Why Washington's 'Cold War' against Cuba Doesn't End* [Dire la vérité : pourquoi se poursuit la « guerre froide » de Washington contre Cuba]. Publié récemment par Pathfinder, ce livre comprend quatre discours présentés par Fidel Castro et Che Guevara aux Nations unies au cours d'une période d'une vingtaine d'années.

❋ ❋ ❋

Des centaines de milliers de travailleurs, de paysans et d'étudiants ont déferlé dans les rues de São Paulo et d'autres villes du Brésil à l'automne de 1992 pour réclamer la destitution du président corrompu de ce pays, Fernando Collor de Mello. Des étudiants universitaires ont dirigé plusieurs de ces manifestations, qui ont été un facteur dans la chute de Collor de Mello.

Pour sortir de la catastrophe économique et sociale à laquelle font face les travailleurs du Brésil, les jeunes devraient-ils se tourner vers un secteur quelconque de la « bourgeoisie nationale » de ce pays ? En participant aux luttes en cours, les travailleurs peuvent-ils forger un parti révolutionnaire capable de les diriger dans la lutte pour arracher le pouvoir des mains de la classe des capitalistes et établir un gouvernement ouvrier et paysan ? Et s'ils y arrivent, comment pourront-ils alors commencer à construire une société qui fasse passer les besoins humains avant les profits d'une petite poignée de familles déjà riches ?

Que peuvent apprendre les travailleurs de la révolution cubaine ? Pourquoi le Che s'est-il si fermement opposé aux politiques économiques des régimes staliniens en Europe de l'Est et dans ce qui était l'Union soviétique ?

Ces questions sont chaudement débattues dans les réunions, les manifestations et les rassemblements, non seulement au Brésil mais partout en Amérique latine aujourd'hui dévastée par une dépression économique. Le point de vue présenté dans cette brochure s'appuie sur l'expérience des 33 ans de la révolution cubaine et devient plus actuel que jamais dans le contexte de la résistance opposée par les travailleurs à la dévastation de leur mode de vie par le capitalisme. Plus de 700 manifestations par exemple ont eu lieu cette année contre les mesures d'austérité du gouvernement vénézuélien. Des grèves et des manifestations ont secoué l'Équateur en septembre 1992 quand le gouvernement a dévalué la monnaie de près de 30 pour cent, ce qui a doublé le prix de plusieurs produits de base.

J'ai entendu débattre de plusieurs des questions abordées dans cette brochure par Mary-Alice Waters lors d'une conférence de partis politiques des Amériques qui a eu lieu en Argentine en juillet 1992. Tenue à Rosario, la ville natale de Che Guevara, cette réunion a marqué le soixante-quatrième anniversaire de sa naissance. Juste après la conférence, des milliers d'étudiants ont manifesté dans les rues de Buenos Aires, la capitale argentine, contre les coupures du gouvernement dans l'éducation. Aussi bien à Rosario que dans les manifestations étudiantes, des dizaines de jeunes et de participants ont acheté les livres de Pathfinder comprenant des discours de Che Guevara. L'échange de vue sur « Che Guevara, Cuba et la voie vers le socialisme » a particulièrement attiré l'attention. Il s'agit d'un recueil de textes publiés en anglais dans le huitième numéro de la revue marxiste *New International* et dans le deuxième numéro de son pendant en espagnol *Nueva Internacional*.

Lors d'un congrès de la Jeunesse communiste de Colombie, à Bogotá, quelques mois plus tard, les participants ont acheté d'une table de littérature de Pathfinder tous les exemplaires que nous avions apportés du deuxième numéro de *Nueva Internacional* et de *Le socialisme et l'homme à Cuba* de Che. Plusieurs autres ont été commandés par la poste. Par la suite, les représentants des organisations de jeunesse de toutes les Amériques affiliées à la Fédération mondiale de la jeunesse démocratique se sont réunis à Bogotá pour organiser à l'échelle du continent une brigade de jeunesse qui se rendra à Cuba à la fin de 1992. Les *brigadistes* travailleront avec des volontaires cubains dans le cadre des efforts du peuple cubain pour atteindre l'autosuffisance alimentaire.

Comme l'explique Mary-Alice Waters, ce programme alimentaire accéléré s'appuie sur la participation de centaines de milliers de Cubains dans des brigades de travail volontaire. Il a été lancé en 1990 par le gouvernement de Cuba, quand le commerce avec ses principaux anciens partenaires commerciaux — l'Union soviétique et les pays de l'Europe de l'Est — a commencé à s'effondrer. Les dirigeants de la jeunesse réunis à Bogotá ont donné à la brigade internationaliste un nom qui convient bien : la Brigade Ernesto Che Guevara des jeunes des Amériques solidaires de Cuba.

Che Guevara a été le principal promoteur du travail volontaire. Il y voyait une façon pour les travailleurs de se transformer en luttant pour cesser d'être l'objet de lois économiques aveugles et pour commencer à définir collectivement leurs conditions de vie et de travail en même temps que les relations sociales. Mary-Alice Waters décrit comment la relance du mouvement de travail volontaire au milieu des années 80 à Cuba a permis de commencer à mettre fin à une retraite politique qui avait commencé une dizaine d'années plus tôt, quand les politiques de planification et de gestion copiées de l'Union soviétique ont été généralisées à Cuba.

La réponse à la tournée effectuée aux États-Unis par les dirigeants de la jeunesse cubaine Ibis Alvisa González et José Antonio Concepción Rangel à l'automne de 1992 est un autre exemple de l'intérêt suscité par les défis auxquels fait face Cuba aujourd'hui. Plus de 3 000 étudiants et jeunes ont participé aux réunions qui ont eu lieu sur les campus et dans différents quartiers de dix villes des États-Unis. Mais qui plus est dans le cadre de cette tournée, pour la première fois en plus de 30 ans, une réunion publique largement annoncée avec des révolutionnaires cubains a eu lieu le 1er octobre sur un campus de Miami en Floride. Plus de 200 personnes, la plupart des étudiants, ont chaudement débattu les questions abordées dans cette brochure. C'était un plaisir de prendre part à cette réunion et d'y vendre les livres de Che Guevara en anglais, en espagnol et en français.

Mais ce n'est pas seulement en Amérique que j'ai constaté cet attrait pour Che Guevara et la révolution cubaine — et la controverse qu'ils suscitent. L'intérêt était aussi très grand lors d'une conférence de jeunes venant des Balkans et de divers pays d'Europe contre l'intervention militaire des États-Unis, de l'Allemagne et d'autres gouvernements impérialistes en Yougoslavie. Plus de 1 000 étudiants et travailleurs ont participé à cette conférence qui a eu lieu au cours de l'été de 1992 dans le nord de la Grèce, à la frontière avec la Yougoslavie. Après la conférence, je me suis rendu à Belgrade, où les gens savent très peu de chose sur la révolution cubaine comparativement aux pays capitalistes voisins. Mais plusieurs étudiants de l'université de Belgrade ont voulu savoir en quoi les idées du Che pourraient aider la lutte qu'ils mènent contre le carnage qui sévit dans leur pays et pour commencer à transformer ce dernier en vraie société humaine.

La pensée de Che Guevara et l'exemple de ce qu'il a fait trouvent aussi un écho en Asie. La Jeunesse socialiste du Japon par exemple a entrepris de traduire en japonais un certain nombre de textes de Che Guevara à partir des livres publiés en anglais par Pathfinder.

Au cours d'une tournée des États-Unis cette année, Peter Mokaba, le président de la Ligue des jeunes du Congrès national africain, a salué l'appui constant accordé par Cuba à la lutte de libération sud-africaine. Une révolution victorieuse en Afrique du Sud, a-t-il dit, signifierait d'une façon complètement nouvelle que « Cuba n'est pas seule. » C'était aussi le but pour lequel Che Guevara luttait quand il a été brutalement assassiné en Bolivie il y a 25 ans.

— Le 8 octobre 1992

Che Guevara et la lutte pour le socialisme aujourd'hui

PAR MARY-ALICE WATERS

La publication de cette édition française de *Che Guevara : l'économie et la politique dans la transition au socialisme*, de l'auteur cubain Carlos Tablada, est particulièrement opportune en ce début des années 90. Le capitalisme mondial s'embourbe dans une dépression marquée par une dette écrasante, une instabilité du système bancaire et des maux sociaux comme la montée du nombre de chômeurs et de sans-abri, et la résurgence de maladies contagieuses. Des courants bonapartistes et d'extrême-droite relèvent la tête et se développent. Les conditions économiques et sociales des travailleurs en Afrique et dans la plus grande partie de l'Amérique latine et de l'Asie ne cessent de se détériorer depuis près de 20 ans. Dans le monde capitaliste, les inégalités augmentent, tout comme la polarisation et la ségrégation sociales, les attaques contre les droits démocratiques et la violence policière. Les bourgeoisies rivales entrent de plus en plus en conflit et marchent vers de nouvelles guerres sanglantes semblables à l'assaut qu'elles ont mené contre le peuple irakien en 1991.

Depuis la fin de 1989, d'abord en Europe de l'Est puis en Union soviétique, les régimes bureaucratiques et les partis communistes ont éclaté, incapables de résoudre leurs crises économiques, sociales et politiques. Pendant des dizaines d'années, la plupart de ceux qui se disaient communistes dans le monde avaient présenté les différentes méthodes de planification et de gestion employées dans ces pays comme la seule voie pour passer du capitalisme au socialisme.

Ce livre décrit l'orientation complètement opposée proposée par Ernesto Che Guevara au début des années 60, au cours des premières années de la révolution cubaine.

L'histoire a maintenant rendu son verdict sur le soi-disant modèle soviétique : l'URSS et les pays d'Europe de l'Est, loin d'avancer vers le socialisme, *s'en éloignaient*. Les méthodes empruntées à l'Union soviétique sont devenues de plus en plus répandues à Cuba à partir du début des années 70. Mais bien avant les événements des dernières années, les révolutionnaires au sein du gouvernement et du Parti communiste de Cuba ont cherché des façons d'en combattre les effets de plus en plus négatifs. En 1986, le Parti communiste a lancé ce qui a été appelé le « processus de rectification » pour répondre à la démobilisation et à la démoralisation croissantes des travailleurs causées par l'utilisation de ces méthodes à Cuba. Cette « révolution dans la révolution [1] », comme l'a appelée Fidel Castro en novembre 1987, a eu pour effet de stimuler l'intérêt pour l'étude de la contribution théorique et pratique de Che Guevara dans la construction du socialisme à Cuba.

Ernesto Che Guevara a été commandant de l'armée rebelle dans la lutte qui a renversé en janvier 1959 la dictature de Fulgencio Batista soutenu par les États-Unis. Au cours des six années suivantes, il a assumé un grand éventail de responsabilités au sein du gouvernement révolutionnaire et de sa direction politique. Cette période est celle où les ouvriers et les paysans cubains ont consolidé leur pouvoir politique et ont exproprié les capitalistes et propriétaires fonciers cubains et étrangers. Les travailleurs et paysans cubains et leur direction révolutionnaire ont commencé à construire un parti communiste capable de défendre leur révolution, de venir en aide à ceux qui avaient pris la même voie en Amérique et ailleurs dans le monde et d'entreprendre la transition au socialisme.

Né à Rosario en Argentine, en 1928, Ernesto Guevara est devenu médecin. Il a voyagé dans toute l'Amérique latine et il a participé en 1954 aux activités anti-impérialistes au Guatemala alors sous le gouvernement élu de Jacobo Arbenz. Après le renversement de ce gouvernement par un coup organisé par la CIA, Che Guevara a été forcé de quitter le pays. Il s'est rendu à Mexico, où il a rencontré Fidel Castro au milieu de l'année 1955. Il s'est engagé dans l'expédition armée que celui-ci préparait pour renverser le régime de Batista. Ses compagnons de lutte cubains l'ont surnommé « Che », une forme populaire de salutation en Argentine.

À la fin novembre, début décembre 1956, Che Guevara a fait partie de l'expédition qui s'est rendue à Cuba à bord du bateau *Granma* pour entreprendre la lutte révolutionnaire armée dans les montagnes de la Sierra Maestra. Il a d'abord servi comme médecin du groupe. Mais au milieu de l'année 1957, il était déjà commandant d'une colonne de l'armée rebelle, dont il organisait aussi la formation marxiste des cadres dirigeants. Après la victoire en 1959, il a pris la tête du département des Industries de l'Institut national de la réforme agraire (INRA). Il est devenu président de la banque nationale de Cuba en 1960, une année cruciale au cours de laquelle les banques nationales et étrangères ainsi que la plupart des industries ont été nationalisées. Il a pris la tête du ministère des Industries à sa création en

1961. Che Guevara a représenté Cuba au cours de plusieurs voyages à l'étranger, aux Nations unies et à de nombreuses conférences internationales.

Ce livre de Carlos Tablada étudie la contribution politique et théorique de Che Guevara à la politique et à l'économie de la transition au socialisme. Sa contribution est le produit du travail qu'il a réalisé au sein de la direction communiste de la classe ouvrière à Cuba. L'auteur, a dit Fidel Castro dans un discours prononcé le 8 octobre 1987, « a le mérite d'avoir rassemblé, étudié et présenté dans un livre l'essence des idées du Che sur l'économie telles qu'il les a exprimées dans des discours, des textes écrits, des articles sur un sujet aussi décisif pour la construction du socialisme [2]. » La plupart de ces articles et discours de Che Guevara n'ont jamais été traduits en français ou sont épuisés depuis longtemps.

La valeur politique durable des idées et de l'exemple d'Ernesto Che Guevara a été soulignée par Fidel Castro en octobre 1987 lors de la cérémonie commémorant le vingtième anniversaire de l'assassinat du Che par des soldats entraînés par les États-Unis en Bolivie. Che Guevara avait quitté Cuba en avril 1965 pour effectuer des missions internationalistes à l'étranger, dans le but d'étendre la révolution socialiste.

« Je demande donc modestement, en ce vingtième anniversaire, que l'on étudie la pensée économique du Che ; qu'on l'étudie ici, en Amérique latine et dans le monde, dans le monde capitaliste, dans le tiers monde, dans le monde socialiste. » C'est dans le but de contribuer à cette tâche que Pathfinder a publié en 1989 la version anglaise du livre de Carlos Tablada et qu'elle publie maintenant cette première édition française. Le discours d'octobre 1987 de Fidel Castro sert de prologue à cette édition. Il fournit l'une des meilleures introductions possibles à la place de la contribution du Che dans la continuité vivante de la révolution cubaine.

❊ ❊ ❊

Le long combat pour l'émancipation des travailleurs cubains a commencé avec la première guerre d'indépendance contre le colonialisme espagnol, qui a commencé en 1868. Des dirigeants comme Antonio Maceo, Máximo Gómez et José Martí ont émergé de cette bataille et des nombreuses autres qui ont suivi. Leurs paroles et leurs gestes révolutionnaires ont laissé un héritage de détermination anti-impérialiste, d'internationalisme, d'honnêteté politique, de générosité et de courage. La direction qui a quitté le Mexique à bord du *Granma* en 1956 a puisé dans cette riche continuité révolutionnaire la force nécessaire

CINDY JAQUITH/THE MILITANT

Des travailleurs de la construction volontaires à La Havane, 1990.

pour poursuivre sa lutte intransigeante. Elle a dirigé la transition de la révolution nationale et démocratique, qui a porté au pouvoir un gouvernement ouvrier et paysan à l'automne de 1959, à la révolution socialiste. Celle-ci s'est accélérée à la fin de 1960 et au début de 1961 en réponse aux gestes hostiles des réactionnaires cubains et étrangers, en particulier de l'impérialisme U.S.

La voie socialiste qu'a prise le peuple travailleur à Cuba au début des années 60 avait été ouverte plus de quatre décennies auparavant par la révolution d'octobre 1917 en Russie. La direction du Parti bolchevique regroupée autour de Vladimir I. Lénine a été la première de l'histoire à organiser les travailleurs et les paysans pour commencer à construire le socialisme en luttant pour faire avancer la révolution mondiale. Ces efforts, qui se sont poursuivis de la fin de 1917 jusqu'aux derniers moments de la vie politique de Lénine en mars 1923, ont légué un héritage inestimable à des révolutionnaires comme Guevara et Castro qui ont cherché plus tard à suivre la voie de Lénine. Le gouvernement soviétique, le Parti communiste et l'Internationale communiste du temps de Lénine ont laissé de riches leçons sur l'économie et la politique de la transition du capitalisme au socialisme.

Comme l'a répété Che Guevara à plusieurs reprises dans les textes cités par Carlos Tablada, la révolution socialiste ouvre une période de l'histoire dans laquelle la participation politique et la conscience révolutionnaire de la majorité des travailleurs deviennent pour la première fois nécessaires à l'organisation économique de la société. Elle permet pour la première fois aux travailleurs de cesser d'être les objets des lois économiques aveugles qui déterminent leur vie, leurs conditions de travail et leurs relations sociales pour commencer à prendre le contrôle conscient des forces productives de la société.

Cette perspective n'est pas facultative. Elle n'est pas une option parmi d'autres offertes après une révolution populaire victorieuse pour effectuer la transition au socialisme. L'avant-garde ouvrière la plus déterminée et la plus dévouée, organisée dans un parti communiste, *doit* conduire des couches de plus en plus nombreuses de sa classe à assumer un contrôle croissant sur la direction politique et la gestion de l'État et de l'économie. C'est *seulement ainsi* que les travailleurs peuvent se transformer en même temps qu'ils transforment les relations sociales dans lesquelles ils travaillent, produisent et vivent. C'est seulement ainsi qu'ils peuvent établir entre les êtres humains des relations sociales de plus en plus conscientes et directes — déchirant ainsi les voiles et les fétiches que le système capitaliste utilise pour couvrir les conséquences brutales de son exploitation des travailleurs et obscurcir le rôle essentiel du travail dans le progrès social et culturel. C'est la seule voie sur laquelle la société puisse avancer vers le socialisme et le communisme. Toute autre voie, sous la pression d'une planification et d'une gestion bureaucratiques, ne peut que la faire régresser vers le capitalisme.

« Notre révolution a nationalisé l'économie nationale ; elle a nationalisé l'industrie de base, y compris le secteur minier, » a dit Che Guevara dans un discours prononcé en août 1961 lors d'une conférence de représentants de gouvernements d'Amérique latine à Punta del Este, en Uruguay. « Elle a nationalisé tout le commerce extérieur. Celui-ci est maintenant aux mains de l'État, qui cherche à le diversifier en commerçant avec le monde entier. Elle a nationalisé le système bancaire pour utiliser plus efficacement le système de crédit afin de satisfaire les besoins du pays. Elle permet aux travailleurs de participer à l'administration de l'économie nationale planifiée [3] ».

Le caractère fondamentalement *politique* des questions et décisions économiques dans la transition au socialisme est au coeur des écrits et discours de Che Guevara. Ses contributions à ce niveau, tout comme celles de Lénine, vont bien au-delà de ce qu'on conçoit généralement, et étroitement, comme « l'économie ». Le Che a constamment souligné la relation étroite entre la transformation des relations sociales de production et la transformation de la conscience politique et sociale des travailleurs qui effectuent ce processus révolutionnaire. « Pour construire le communisme, il faut développer l'homme nouveau en même temps que la base matérielle, » a dit Che Guevara dans un texte de 1965, « Le socialisme et l'homme à Cuba [4] ».

L'étude qu'a faite Carlos Tablada des positions de Che Guevara englobe donc un grand nombre de questions économiques et politiques auxquelles a été confronté Cuba révolutionnaire.

Parmi celles-ci, on peut mentionner :
- Le caractère unique de la transition du capitalisme au socialisme par rapport à toutes les transitions qui ont eu lieu auparavant dans l'histoire de la société de classe.
- La nécessité de développer la conscience politique et d'accroître le contrôle des travailleurs sur l'industrie, sans quoi la transition non seulement ne pourra être menée à terme, mais régressera vers ce que Fidel Castro a appelé au début du processus de rectification un « système pire que le capitalisme [5] ».
- La nécessité d'une direction révolutionnaire de la classe ouvrière, d'un parti communiste.
- Les façons par lesquelles le marché, c'est-à-dire les relations marchandes léguées par le capitalisme (la « loi de la valeur »), continue ou non d'opérer pendant la période de transition à divers niveaux de la production et de la distribution : dans les relations entre l'État et les secteurs

privé et coopératif ; entre les entreprises d'État et les consommateurs ; entre les entreprises d'État elles-mêmes ; et dans les relations de ces dernières avec des institutions vitales comme les écoles et les hôpitaux.

• Comment il est possible de chercher à restreindre consciemment et progressivement le champ d'opération de la loi de la valeur et ses conséquences sociales négatives.

• La fonction changeante de l'argent, de la banque et des prix.

• Le rôle crucial du monopole d'État sur les banques, les réserves de devises étrangères, le commerce extérieur et le commerce intérieur de gros.

• Les obstacles engendrés par l'utilisation de catégories capitalistes comme la « rentabilité » pour évaluer les coûts et les bénéfices sociaux ou lorsqu'un gouvernement révolutionnaire cherche à organiser la production de façon à atteindre ses objectifs.

• Le problème du commerce international effectué aux prix du marché mondial, qui transfère vers les impérialistes une portion exorbitante de la valeur créée par le travail des ouvriers et des paysans du tiers monde ; et les responsabilités internationalistes qu'engendre cette situation pour les États ouvriers industriellement avancés.

• La nécessité de transformer les attitudes sociales envers le travail ; le lien entre cet objectif et la structure des salaires, la forme des stimulants, les normes de production, le travail volontaire et l'encouragement donné à l'acquisition de niveaux d'éducation et de qualification supérieurs.

• Les qualités de direction politique requises des communistes engagés dans la construction du socialisme, qu'ils oeuvrent sur les lignes de production ou dans les champs, dans l'administration des entreprises et institutions d'État ou dans l'appareil du gouvernement, des forces armées et du Parti communiste.

En 1963-1964, une discussion sur plusieurs de ces questions a éclaté dans de nombreuses revues cubaines. Ce débat a reflété le conflit croissant entre deux conceptions irréconciliables de l'administration et de la gestion économiques. Ces deux conceptions étaient alors toutes les deux en vigueur à Cuba. Che Guevara a favorisé ce qu'on a appelé le système budgétaire de financement, appliqué sous sa direction dans les entreprises d'État relevant du ministère des Industries (environ 70 pour cent des industries cubaines). Il y avait aussi le système de calcul économique (appelé parfois le système d'autogestion financière). S'appuyant fortement sur l'expérience contemporaine de l'Union soviétique et de l'Europe de l'Est, ce système a été appliqué dans les entreprises organisées par l'Institut national de la réforme agraire, alors dirigé par Carlos Rafael Rodríguez, et dans celles qui dépendaient du ministère du Commerce extérieur, dirigé par Alberto Mora. Carlos Tablada cite abondamment et fréquemment les articles rédigés par Che Guevara au cours de cette riche discussion[6].

En même temps qu'il aidait à établir une base théorique pour la transition au socialisme à Cuba, Che Guevara a joué un rôle central dans le gouvernement et le parti révolutionnaires. Plusieurs des photographies reproduites dans ce livre illustrent certaines activités auxquelles il a pris part dans le cadre de son travail : ses fréquentes participations à des réunions de travailleurs dans des usines et entreprises variées et sa participation aux mobilisations de travail volontaire le dimanche. Che Guevara s'est plongé dans la littérature portant sur les processus industriels les plus modernes en usage dans d'autres pays. Il a appris les principes de la comptabilité et a suivi des cours de mathématique pour participer à l'implantation d'ordinateurs dans la planification économique et le contrôle financier à Cuba, une tâche qu'il considérait essentielle.

Che Guevara s'est aussi tourné de façon répétée vers les leçons tirées par les dirigeants communistes des expériences vécues par les générations ouvrières précédentes. Il a commencé son étude du marxisme alors qu'il n'avait pas encore 20 ans, bien avant de rencontrer Fidel Castro et les autres dirigeants du Mouvement du 26 juillet de Cuba. Il a commencé à lire certains des textes les plus importants de Karl Marx (qu'il appelait affectueusement dans ses lettres « saint Karl ») et de Friedrich Engels, les fondateurs du mouvement communiste ouvrier. Il a aussi étudié Vladimir Lénine, le dirigeant communiste russe. En 1954, 1955 et 1956, Che Guevara a concentré son attention sur l'économie politique en étudiant en profondeur *Le Capital* de Marx. Dans le cadre de son travail révolutionnaire à Cuba, il a plus tard cherché à approfondir sa connaissance des écrits et discours de Lénine dans les premières années de la république ouvrière et paysanne de la Russie soviétique et aux congrès de l'Internationale communiste. Il est souvent revenu au *Capital*, à *La critique du programme de Gotha* et à d'autres textes de Marx et Engels, y compris leurs riches écrits pré-marxistes d'avant 1847.

Les écrits et discours de Guevara sont pleins de références à ces travaux de Marx, Engels et Lénine. Prenant la parole devant des centaines de milliers de Cubains en octobre 1967, un peu plus d'une semaine après l'assassinat du Che, Fidel Castro a souligné le travail acharné de Che Guevara pour approfondir sa compréhension du marxisme et la lier à des expériences concrètes, afin non seulement de faire avancer la lutte mondiale pour la libération nationale et le socialisme mais aussi d'aider à diriger les travailleurs cubains dans la construction pacifique du socialisme :

> Et quand nous regardions par les fenêtres de son bureau, on pouvait voir les lumières allumées

jusqu'à très tard dans la nuit, alors qu'il étudiait, ou plutôt qu'il travaillait et étudiait. Car il étudiait toutes les questions, il était un lecteur inlassable. Il avait une soif d'apprendre pratiquement insatiable. Les heures qu'il volait au sommeil, il les utilisait pour étudier [7].

* * *

Plusieurs des réalisations des travailleurs et des paysans de Cuba sont décrites dans les pages qui suivent, y compris leur internationalisme sans limite. Ces réalisations ont créé une écoute pour les perspectives mises de l'avant par la direction communiste cubaine dans toutes les discussions sur la transition du socialisme au communisme. On ne peut étudier sérieusement ces questions sans en tenir compte, puisque l'expérience de la révolution socialiste à Cuba ne peut être dissociée de l'histoire du vingtième siècle ou de l'avenir du vingt-et-unième.

Héritant du lourd bagage de domination coloniale et semi-coloniale qui prévalait au moment de la révolution en 1959, les travailleurs et paysans cubains ont transformé la réalité sociale et économique du pays par leur travail et leur engagement politique. Cette transformation sans précédent n'a pas encore été répétée ailleurs dans le monde colonial. Elle a renforcé l'alliance ouvrière et paysanne, qui constitue la pierre d'assise de la révolution et qui explique les progrès rapides effectués dès le début de la lutte dans la Sierra Maestra. Ces conquêtes économiques et sociales ont été réalisées en dépit du blocus économique et des pressions militaires constantes exercées par Washington pour miner l'appui aux mesures du gouvernement révolutionnaire, à Cuba et dans le reste du monde.

- Des terres arables ont été distribuées aux paysans pauvres, aux métayers et aux autres producteurs agricoles. Des prêts à taux d'intérêt peu élevé et des ressources matérielles dont ils avaient besoin leur ont aussi été offerts. Au cours de la trentaine d'années qui ont suivi, environ la moitié des paysans cubains, possédant environ 60 pour cent des terres dotées de titres privés, ont volontairement adhéré à des coopératives agricoles. La plupart des anciennes plantations de sucre, qui appartenaient à des capitalistes, et les grandes terres servant à l'élevage ont été transformées en fermes d'État. Celles-ci comptent aujourd'hui plus de 80 pour cent des terres agricoles à Cuba.

- Principal produit d'exportation, la production de sucre a été en grande partie mécanisée, y compris au niveau des tâches pénibles de la récolte. Cette modernisation a permis d'accroître la production agricole dans les fermes d'État et les coopératives, tout en réduisant de 80 pour cent le nombre de coupeurs de canne. Ceux-ci s'élevaient à 350 000 avant la révolution. Ce progrès a libéré des ressources, qui ont permis en retour de diversifier la production agricole et de développer l'industrie, les projets de construction et les services sociaux essentiels pour les travailleurs comme l'éducation et la santé.

- La révolution a permis à la grande majorité de la population rurale et aux couches urbaines qui étaient autrefois les plus pauvres d'avoir accès à l'électricité. Avant la révolution, l'industrie était généralement limitée à la fabrication de biens de consommation. Elle a été élargie à la fabrication de machines pour récolter la canne à sucre, à la production d'acier automatisée, à la fabrication de machines-outils et d'équipement électronique, à la biotechnologie, à la production de réfrigérateurs et d'appareils électro-ménagers et à la fabrication d'armes automatiques et semi-automatiques. Contrairement aux pays semi-coloniaux encore dominés par l'impérialisme, la modernisation de l'économie cubaine a servi à améliorer les conditions de vie et de travail des travailleurs et non à enrichir une poignée de familles capitalistes cubaines et étrangères.

• Une grande campagne d'alphabétisation a mobilisé en 1961 quelque 100 000 jeunes, qui sont allés à la campagne pour enseigner aux Cubains à lire et à écrire. Cette initiative sans précédent a permis d'éliminer presque complètement l'analphabétisme. Une autre campagne a permis depuis lors à tous les Cubains de compléter une sixième année de scolarité. L'ensemble de la population lutte maintenant pour que chacun acquière une neuvième année de scolarité. Partout ailleurs en Amérique latine, près de 30 pour cent de la population en moyenne est analphabète.

• Au moment du triomphe de la révolution, le gouvernement a banni un système de ségrégation et de discrimination raciales semblable à celui qui existait dans le sud des États-Unis en 1959. Et il a mis en pratique ses nouvelles lois. Comme l'a dit au peuple cubain le président du Congrès national africain Nelson Mandela le 26 juillet 1991, « votre engagement inébranlable envers l'élimination systématique du racisme n'a pas d'égal [8]. » Les résultats sont partout évidents à Cuba, en particulier parmi la génération qui a grandi avec la révolution et qui constitue aujourd'hui la majorité de la population.

• Un engagement semblable pour faire avancer l'égalité sociale et économique des femmes a permis d'obtenir en 30 ans ce qui a pris 150 ans ou plus dans les pays capitalistes qui sont aujourd'hui les plus développés.

• Des progrès considérables ont été atteints sous l'impact combiné des efforts et des ressources accordés aux soins élémentaires de santé, de la formation des médecins et des autres intervenants dans le système de santé, du développement du système des médecins de famille et de la construction d'hôpitaux et de cliniques. L'espérance de vie et le taux de mortalité infantile se comparent avantageusement à ceux des pays capitalistes industriellement développés.

• De plus, les travailleurs cubains ont mis leur gouvernement révolutionnaire, leurs ressources et leur savoir-faire au service des peuples opprimés et exploités en lutte dans les Amériques, en Afrique et en Asie. Du Nicaragua à l'Éthiopie, du Viêt-nam au Mozambique, plusieurs centaines de milliers de Cubains se sont portés volontaires comme travailleurs de construction, ingénieurs, médecins, enseignants, techniciens et soldats. De 1974 à 1988, plus de 300 000 Cubains sont allés en Angola comme volontaires internationalistes, afin d'aider le gouvernement et la population de ce pays à se défendre contre les envahisseurs sud-africains et les contre-révolutionnaires à la solde des impérialistes.

À Cuito Cuanavale dans le sud de l'Angola au début de 1988, l'armée angolaise, les volontaires cubains et l'Organisation du peuple du Sud-Ouest africain (SWAPO) ont infligé une défaite militaire décisive à l'agression de Pretoria. Le régime d'apartheid a été forcé de signer une entente qui a conduit à l'indépendance de la Namibie en mars 1990 et rendu possible le retour des derniers volontaires militaires à Cuba en mai 1991. « La défaite de l'armée de l'apartheid a servi d'inspiration au peuple combattant d'Afrique du Sud, » a dit Nelson Mandela dans son discours du 26 juillet 1991 à Cuba. « Cuito Cuanavale marque un jalon dans l'histoire de la lutte pour la libération du continent et de notre pays du fléau de l'apartheid [9]. »

※ ※ ※

Malgré ces réalisations, la direction du Parti communiste de Cuba a conclu au milieu des années 80 que de sérieuses erreurs politiques avaient commencé à s'accumuler au cours des années 70 et au début des années 80, erreurs qui « risquaient fort de devenir irréversibles. Il fallait les rectifier à temps [10], » a dit Fidel Castro à la session de novembre-décembre 1986 du troisième congrès du Parti communiste de Cuba. Pour y arriver, il était nécessaire de réaffirmer « certaines conceptions essentielles concernant le socialisme et la façon de le construire [11]. »

Après le départ du Che de Cuba en 1965 pour effectuer des missions internationalistes, Fidel Castro a dit dans le discours de 1987 qui sert de prologue à ce livre que « certaines des idées du Che ont été mal interprétées et mal appliquées. Mais on n'a jamais essayé sérieusement de les mettre en pratique. Et à un moment donné se sont imposées des idées qui sont diamétralement opposées à la pensée économique du Che. [...] On a beaucoup évoqué ses autres qualités. Mais cet aspect de sa pensée est à mon avis assez mal connu dans notre pays. » La publication de ce livre de Carlos Tablada en 1987 a aidé à initier une discussion opportune sur la pensée économique du Che, dans le contexte politique du processus de rectification qui avait commencé l'année précédente.

Le Che aurait été « horrifié » de voir le chemin que Cuba avait commencé à suivre, a expliqué Fidel Castro dans son discours d'octobre 1987. « Car il savait que par ces chemins battus et rebattus du capitalisme, on ne pouvait pas avancer vers le communisme. Que par ces chemins, on oublierait un jour toute idée de solidarité humaine et même d'internationalisme. »

Même le Parti communiste « commençait à aller à la dérive », a dit Fidel Castro dans son discours à la session de novembre-décembre 1986 du congrès du parti. « Mais nous avons réagi à temps pour qu'on ne corrompe pas les militants, pour qu'on ne corrompe pas le parti, pour qu'on ne corrompe pas le peuple, pour qu'on ne corrompe pas les jeunes et, surtout, pour qu'on ne corrompe pas la classe ouvrière [12]. » La rectification s'est accompagnée d'efforts continuels pour transformer le Parti communiste, qui regroupe l'avant-garde du peuple travailleur à Cuba. À la session de février 1986 du congrès du parti qui a immédiatement précédé et ouvert la voie à la rectification, des mesures ont été prises pour approfondir la composition prolétarienne des membres et de la direction du parti. Dans son rapport sur le Comité central nouvellement élu, Fidel Castro a souligné l'importance des mesures qui avaient été prises pour amener dans la direction un plus grand nombre de travailleurs d'usine, de Cubains qui sont Noirs, de femmes, de jeunes et de vétérans de missions internationalistes [13].

Prenant la parole devant l'Union des jeunes communistes en avril 1987, Fidel Castro a expliqué qu'au cours des quinze années précédentes, certains avaient commencé à justifier l'orientation suivie à Cuba par l'idée que des mécanismes économiques et politiques « résolvaient automatiquement les problèmes ; la croyance idyllique, la croyance stupide que les mécanismes allaient faire le travail du parti, construire le socialisme, promouvoir le développement [14]. »

L'établissement à Cuba au milieu des années 70 des structures gouvernementales du Pouvoir populaire, par exemple, a été « un grand pas en avant », a expliqué Fidel Castro dans son discours à la session de novembre-décembre 1986 du congrès du parti. Mais « de là est né sans doute la croyance ingénue que, fort de ces innovations et de ces progrès, l'État allait fonctionner parfaitement, presque automatiquement. Plus tard, on a vu que cela exige un travail politique très important, un travail immense du parti [15]. »

Fidel Castro a cité d'autres méthodes qui minaient la conscience politique et qui étaient de plus en plus acceptées à Cuba, dont plusieurs concepts empruntés de l'Union soviétique ou directement du capitalisme :

• la distribution croissante de nourriture et d'autres biens de nécessité par le biais du marché à des prix déterminés par l'offre et la demande plutôt que par la nécessité de satisfaire les besoins sociaux ;

• l'évaluation des performances économiques des entreprises d'État selon des concepts de rentabilité plutôt que du point de vue de leur capacité de produire des biens et services socialement nécessaires à partir d'une stricte gestion des coûts afin de minimiser dans chaque cas les dépenses en travail humain, en matières premières et en devises étrangères ;

• la concurrence et les relations marchandes croissantes entre les entreprises et institutions de l'État ;

• l'utilisation croissante de primes et de motivations matérielles individuelles à un moment où les dépenses au niveau du « salaire social » (logement, santé, éducation, jardins d'enfants [garderies]) stagnaient, entraînant un accroissement des inégalités sociales.

« Jamais Cuba n'adoptera les méthodes, les styles, les philosophies, les mentalités du capitalisme, » a dit Fidel Castro à un quart de million de Cubains à Santiago de Cuba en 1988 pour le rassemblement annuel du 26 juillet. « Le socialisme et le capitalisme sont deux choses diamétralement opposées, par définition et par essence [16]. »

Même la propriété d'État et le monopole d'État sur le commerce extérieur, sur le contrôle des transactions et des réserves en devises étrangères — conquêtes vitales de la révolution cubaine, essentielles au maintien de l'alliance ouvrière et paysanne — n'auraient pu permettre d'avancer vers le socialisme si les travailleurs à Cuba n'avaient pas été mobilisés pour utiliser ces outils consciemment et politiquement afin d'atteindre leur but. Bien que ces mesures révolutionnaires aient été nécessaires pour briser la domination des relations sociales capitalistes et rendre possible la planification économique, elles n'étaient pas suffisantes pour avancer dans la construction du socialisme.

« La construction du socialisme [...] est essentiellement une tâche politique, une tâche révolutionnaire [17], » a dit Fidel Castro, reprenant ainsi l'un des plus importants thèmes de Che Guevara décrits dans les pages qui suivent. « Il faut s'adresser à la conscience. Les autres mécanismes, les facteurs économiques sont des instruments auxiliaires du travail politique et révolutionnaire que requièrent une révolution véritable et la construction du socialisme, puis du communisme [18]. »

Le fait d'utiliser comme guide les priorités et méthodes empruntées à l'Union soviétique a eu des conséquences politiques dévastatrices parmi une couche sociale croissante au sein de la population cubaine. Fidel Castro a expliqué à la session de novembre-décembre 1986 du congrès du parti que dans les années qui ont précédé le processus de rectification, on a vu se développer dans les entreprises d'État une couche d'administrateurs qui, « déguisés en capitalistes, ont commencé à agir comme des capitalistes, mais sans l'efficacité des capitalistes [19]. » Ils se fixaient des objectifs de production annuelle faciles à atteindre afin de s'octroyer à eux et à une couche de travailleurs relativement privilégiés des primes pour « dépassement » des quotas. Ils étaient obsédés par le dépassement des quotas de quantité, mais totalement indifférents à la *qualité* des produits destinés au peuple cubain. Ils stockaient et gaspillaient les matières premières et vendaient des produits de mauvaise qualité à des prix excessivement élevés aux autres entreprises d'État, aux institutions et aux consommateurs. Ils fabriquaient leurs livres de compte de façon à paraître « profitables » en termes d'argent, mais accordaient peu d'attention aux vrais coûts encourus par la société à cause du gaspillage des ressources et du temps de travail. Leur attitude égoïste et petite-bourgeoise constituait un exemple qui nuisait à l'utilisation de la pleine journée de travail pour la production au service de la société. Elle minait la conscience et la discipline ouvrières et favorisait le cynisme.

« Lorsque les intérêts d'une entreprise entrent en conflit avec les intérêts de la révolution et de la société, [...] il faut faire prévaloir les intérêts de la révolution et de la société [20],» a expliqué Fidel Castro en avril 1987.

Il a beaucoup insisté sur ce thème au congrès du parti en 1986. « Nous n'allons pas faire en sorte que les entreprises socialistes se fassent concurrence parce que cela n'a rien à voir avec l'idée et la conception du socialisme. Cela n'a rien à voir avec le marxisme-léninisme. On peut essayer de se surpasser les uns les autres, mais il ne s'agit pas de la concurrence que se font les capitalistes entre eux, avec ses conséquences dramatiques [21].» Au lieu d'administrateurs d'usine qui agissent de cette façon, a-t-il dit, le processus de rectification doit viser à ce que la personne responsable de l'entreprise, qu'elle soit membre du parti ou non, soit « un vrai communiste, [...] un révolutionnaire ! Mais pas un communiste qui joue au capitaliste, pas un communiste déguisé en capitaliste et agissant en capitaliste. Ni un capitaliste déguisé en communiste [22].»

Cela ne suffirait cependant pas pour résoudre les problèmes même au niveau de l'usine. Les travailleurs et les syndicats ne doivent plus laisser les décisions concernant les coûts, la qualité et le rendement « aux sages, aux savants, aux technocrates, aux super-intelligents » a-t-il expliqué à une conférence de dirigeants de la Centrale des travailleurs de Cuba en janvier 1987. « Il est maintenant temps pour chaque travailleur de connaître les problèmes dans son usine [23]. [...] Vous êtes la force la plus importante que possède le parti dans cette bataille pour corriger les erreurs et lutter contre les tendances négatives et pour la construction du socialisme et du communisme dans notre pays [24]. » Mais cela ne signifie pas que les travailleurs devraient collaborer avec les administrateurs pour maximiser la « rentabilité » d'une entreprise particulière — et les primes qui l'accompagnent — au détriment des autres groupes de travailleurs ou de la société dans son ensemble. Dans la transition au socialisme, les travailleurs ne sont pas les propriétaires collectifs de l'usine ou de l'entreprise dans laquelle le hasard a voulu qu'ils travaillent. « Les travailleurs sont les propriétaires de toutes les usines de ce pays et ils ont intérêt à ce que toutes les usines, toutes les écoles et tous les services fonctionnent bien [25]. »

Bien qu'on ne puisse atteindre les conditions de complète égalité avant le communisme, a expliqué Fidel Castro à la conférence syndicale de janvier 1987, la société ne progressera pas vers ce but historique à moins que des mesures conscientes soient prises pour réduire les inégalités au niveau des salaires et des conditions de vie. Le *Résumé hebdomadaire Granma* rapporte que Fidel Castro « a dit que la réforme salariale [du début des années 80] a augmenté les salaires de ceux qui gagnaient déjà beaucoup, mais a oublié le travailleur plus modeste. » Si cette situation n'est pas corrigée, alors « nous allons tomber dans une société hiérarchisée, traversée de catégories sociales de toutes sortes et nous allons ainsi commencer à reconstruire le capitalisme [26]. » Pour remédier à cette situation au début de la rectification, le gouvernement cubain a donné la priorité à l'augmentation du salaire minimum et des conditions de vie des couches de travailleurs les moins bien payés, réduisant ainsi l'écart avec les travailleurs les mieux payés.

Cela s'est fait en même temps qu'on développait une nouvelle attitude face au travail. Comme le rappelle Carlos Tablada, c'est un point sur lequel le Che a beaucoup insisté au début de la révolution. À mesure que les travailleurs sont

Che Guevara s'entretient avec des travailleurs de la canne à sucre, 1963.

entraînés dans l'administration de l'État et de l'économie, ils cherchent de plus en plus à travailler pour le bénéfice de la société, aussi bien au niveau national qu'international, et pas seulement pour eux et leur famille. À la session de novembre-décembre 1986 du congrès du parti, Fidel Castro a mentionné un délégué qui avait été deux fois volontaire pour une mission internationaliste en Angola. Il a demandé quel genre de motivation matérielle pouvait mener à une attitude aussi généreuse. « Quelle prime lui avons-nous versée ? Quels mécanismes avons-nous utilisés auprès de lui et de dizaines de milliers d'hommes comme lui qui se sont acquittés de leur devoir [27] ? »

Pour avancer sur cette voie communiste, les révolutionnaires cubains ont mis au centre du processus de rectification la relance du travail volontaire collectif dans les projets sociaux les plus urgents. Dans son discours pour le vingtième anniversaire de l'assassinat de Che Guevara, Fidel Castro a expliqué qu'au cours de la décennie précédente :

> le travail volontaire, qui est une création du Che et une des meilleures choses que nous devions à son passage dans notre patrie et à sa participation à notre révolution, déclinait de jour en jour. [...] On voyait s'ancrer de plus en plus la mentalité bureaucratique, technocratique selon laquelle le travail volontaire n'est pas une chose fondamentale, essentielle.

Dans la deuxième moitié des années 70 et au début des années 80, la retraite politique à Cuba sur des questions comme le travail volontaire a cependant été atténuée par la réponse internationaliste des Cubains aux victoires populaires au Viêt-nam et en Afrique, et surtout aux révolutions au Nicaragua et à Grenade en 1979. Ces victoires ont encouragé des centaines de milliers de Cubains à se porter volontaires pour des tâches internationales dans ces pays et ailleurs. Face à l'escalade des pressions militaires des États-Unis, des millions de Cubains se sont mobilisés dans les Marches du peuple combattant et ont adhéré aux nouvelles Milices territoriales en 1980. « Je crois pouvoir affirmer que dans ces circonstances, l'esprit révolutionnaire s'est réfugié dans les activités de la défense, la mobilisation des troupes de milices territoriales et la préparation au combat ; des millions, des dizaines de millions d'heures de travail leur ont été consacrées [28]. » La réponse des travailleurs cubains pour renforcer qualitativement la défense du pays et aider ceux des autres pays qui avançaient sur la voie révolutionnaire a atténué les pires conséquences de la retraite et renforcé les valeurs et les attitudes de solidarité et de générosité sur lesquelles on a pu compter au début du processus de rectification.

Le travail volontaire a été relancé à partir de 1986 à un niveau qu'on n'avait pas vu depuis les premières années des révolutions russe et cubaine. Il s'est même développé sur une plus grande échelle et avec des conséquences plus grandes pour la révolution qu'au cours de ces deux expériences précédentes. Des dizaines de milliers de volontaires à temps plein ont adhéré aux « microbrigades », construisant entre autres des jardins d'enfants, des logements, des cliniques. Des centaines de milliers d'autres Cubains faisaient du travail volontaire après les heures de travail ou d'école et pendant les fins de semaine.

Fidel Castro a souligné les graves conséquences pour les femmes du rythme très lent de construction de nouveaux jardins d'enfants avant la relance du mouvement des microbrigades. De 1980 à 1985, par exemple, on n'avait prévu la construction que de cinq garderies à La Havane. Seulement deux d'entre elles ont été construites. Grâce aux

microbrigades, plus de 110 garderies ont été construites en
1987-1988 seulement, permettant ainsi à des dizaines de
milliers de femmes de faire partie de la force de travail
et d'y fonctionner sur un pied d'égalité. Fidel Castro a dit
aux délégués à une conférence provinciale des membres
du Parti communiste :

> Les promoteurs des idées réactionnaires au sein
> de la révolution alléguaient que la construction
> d'un jardin d'enfant entraîne des dépenses sociales.
> Et les dépenses sociales ne servent à rien. Pour
> eux, il n'y a d'utile que les investissements dans
> le secteur productif. Comme si ceux qui vont
> travailler à l'usine étaient des boeufs et des vaches,
> des chevaux et des juments, des mulets et non des
> êtres humains — des hommes et des femmes avec
> leurs problèmes et surtout, des femmes avec leurs
> problèmes. [...] Ces gens qui disent « Non, pas
> de jardin d'enfants » s'inspirent manifestement
> de conceptions technocrates, bureaucratiques,
> réactionnaires [29].

La plupart des membres à temps plein des microbrigades étaient des travailleurs qui s'étaient portés volontaires pour être dégagés de leur travail régulier pendant environ deux ans tout en recevant le même salaire. Les microbrigades ont pris la forme d'un mouvement social croissant dirigé par quelques-uns des travailleurs les plus conscients et les plus disciplinés à Cuba, convaincus que les brigades ouvraient la porte à un retour à des méthodes prolétariennes pour faire face aux besoins sociaux. Les microbrigades ont d'abord été lancées à Cuba au début des années 70. Comme tout le travail volontaire en général, ces projets ont été abandonnés vers la fin de la décennie comme allant à l'encontre des méthodes de planification et de gestion adaptées de celles de l'Union soviétique.

« Les microbrigades qui ont été détruites au nom de ces mécanismes », a dit Fidel Castro dans le discours qui sert de prologue à ce livre, « renaissent de leurs cendres comme le phénix. Elles montrent ce que signifie ce mouvement de masse, ce que signifie ce moyen révolutionnaire de résoudre les problèmes que les théoriciens, les technocrates, ceux qui ne croient pas en l'homme et ceux qui croient aux méthodes des capitalistes de pacotille avaient freiné puis détruit. »

※ ※ ※

À l'été de 1989, trois ans après le début de la rectification, la confiance et la conscience politiques croissantes des travailleurs cubains sont entrées en collision avec la corruption et les privilèges d'une couche sociale au sein de l'appareil d'État. En juillet 1989, Diocles Torralbas, ministre du Transport et membre du Comité central du parti, a été trouvé coupable de corruption et condamné à 20 ans de prison. Au cours du même mois, le général de division Arnaldo Ochoa a été trouvé coupable de trafic de drogue et de haute trahison et exécuté en même temps que deux hauts gradés du ministère de l'Intérieur et un autre officier de l'armée. Très populaire à Cuba, Arnaldo Ochoa avait reçu la médaille de Héros de la république de Cuba en 1984 pour son rôle à la tête des troupes en Éthiopie et en Angola et avait été longtemps membre du Comité central. En août, José Abrantes, ministre de l'Intérieur et membre du Comité central, a été trouvé coupable de détournement de fonds gouvernementaux et condamné à 20 ans de prison.

Dans son discours à la réunion du Conseil d'État révisant la condamnation et la sentence d'Arnaldo Ochoa, Fidel Castro a souligné l'existence de « deux mondes » dans la société cubaine. Les cas d'abus et de corruption dans les hautes sphères du gouvernement ont révélé le conflit entre ces deux mondes. « Qu'a donc à voir la vie de ces petits messieurs-là avec la vie d'un ouvrier, ou les moeurs de ces petits messieurs-là avec les moeurs de notre classe ouvrière ! Ce sont deux mondes différents. Et nous ne pourrons pas avoir de cesse avant qu'il n'y ait ici qu'un seul monde. Pas celui des bourgeois ou des petits-bourgeois, mais bien celui de notre classe ouvrière, de nos travailleurs, de nos paysans [30] ! » Le discours de Fidel Castro et les remarques de tous les autres membres du Conseil d'État ont été télédiffusés à travers tout le pays. Ce qui était frappant, c'est que plusieurs membres du conseil ont souligné la nécessité de retourner à l'orientation définie par Che Guevara pour fermer l'écart révélé par l'affaire Ochoa.

Les ressources nécessaires pour continuer le travail des brigades volontaires de construction et les réalisations qui ont marqué les premières années de la rectification ont cependant été dissipées au début des années 90 à la suite des grandes pénuries économiques et des bouleversements provoqués par l'éclatement du commerce de Cuba avec les pays d'Europe de l'Est et l'Union soviétique. Ce commerce comptait jusqu'alors pour environ 85 pour cent des importations de Cuba. Les importations d'Europe de l'Est ont pratiquement cessé avant la fin de 1990. En 1991, les importations de l'Union soviétique ont chuté à 30 pour cent de ce qu'elles étaient en 1989 et elles ont continué à baisser depuis. Dans leur ensemble, les importations de Cuba ont baissé de près de 60 pour cent au cours de cette période de deux ans. Il y a une sévère pénurie de pétrole, de céréales, de fourrage, d'aliments de base, de matériaux de construction, de pièces de rechange et d'autres produits. Cela crée d'énormes pressions sur les réserves de devises étrangères.

Pour faire face à cette chute rapide et brutale des importations, et donc de la production, le gouvernement et le Parti communiste de Cuba ont entrepris une série de mesures pour rencontrer les exigences de ce qu'ils ont appelé la « période spéciale en temps de paix ». La construction de certains projets spéciaux a été interrompue. Des priorités strictes ont été adoptées en ce qui concerne les investissements de capitaux, les ressources pour d'importants projets de construction civile, l'achat de matières premières et de pièces de rechange et le renouvellement des fonds d'amortissement de plusieurs entreprises d'État. Les ressources et le travail ont été alloués aux projets qui semblaient les plus essentiels pour développer l'autosuffisance alimentaire et accroître les sources de devises étrangères nécessaires pour payer les importations énergétiques et industrielles.

Dans son discours d'ouverture au quatrième congrès du Parti communiste en octobre 1991, Fidel Castro a décrit quelques-unes des conséquences de l'effondrement des relations commerciales de Cuba :

> Plusieurs personnes ne comprennent toujours pas ce qu'est la période spéciale et les problèmes qui l'accompagnent. Plusieurs rêvent encore à des choses que nous faisions, que nous pouvions résoudre, et que nous avons dû interrompre soudainement quand nous avons entrepris un énorme programme, à partir du processus de rectification, dans un grand nombre de secteurs. Nous avons accéléré la construction de logements. C'est ainsi que nous avons relancé le mouvement des microbrigades. Nous avons grandement accéléré la production de matériaux de construction. […] Il y avait suffisamment de ciment pour tous les projets

sociaux, les logements, les projets économiques, les hôtels et tout le reste. C'est dire qu'à partir du processus de rectification, nous avons abordé toute une série de questions pour résoudre plusieurs difficultés matérielles que nous avions. [...] Nous n'avons pas perdu une minute et nous avons utilisé le peu de ressources que nous avions pour faire avancer tous ces projets. Nous avons construit des jardins d'enfant, des écoles spéciales, des cliniques multidisciplinaires et terminé des hôpitaux [31].

Ce que la révolution cubaine a réussi à faire depuis 1990 face à des problèmes économiques sans précédent n'aurait pu être accompli dans aucun pays capitaliste. En fait, c'est quelque chose que Cuba même n'aurait pu réaliser si, au cours du processus de rectification, le peuple travailleur n'avait pas acquis la confiance nécessaire pour confronter la résistance opposée par la bureaucratie à ses efforts pour faire avancer la révolution. La capacité de survie de la révolution est le produit de la conscience politique et de l'esprit de travail volontaire de millions de travailleurs et paysans cubains.

Devant la grave pénurie de pétrole et d'autres sources d'énergie, le gouvernement cubain a mobilisé sur une base volontaire un grand nombre de coupeurs de canne pour limiter l'utilisation des faibles réserves de pétrole par les tracteurs et les machines utilisées pour la récolte. La production de sucre a chuté en 1991 et encore davantage en 1992. Avec la « période spéciale », les travailleurs et les agriculteurs des fermes d'État et des coopératives utilisent un nombre croissant d'animaux de trait dans la production agricole et le transport. Un grand nombre de bicyclettes ont été importées. On en a aussi commencé la production à

Cuba même pour compenser les coupures qu'il a fallu effectuer dans l'étendue et la fréquence du transport en commun. L'utilisation et l'achat de pétrole à des fins privées ont été grandement réduits. Les pénuries de sources d'énergie et de matières premières ont entraîné des fermetures d'usines et la réduction du nombre d'heures et de jours travaillés dans d'autres entreprises.

Le gouvernement a adopté des mesures pour assurer la distribution aussi équitable que possible des quantités considérablement réduites de produits de première nécessité (soit des produits importés ou des produits dont la production dépend des importations). Pratiquement tous les aliments (à l'exception des fruits et légumes frais), les vêtements, le savon et les autres produits de base disponibles en très faibles quantités sont strictement rationnés. Ces pénuries causent évidemment d'énormes difficultés, aggravées par le fait que le système de distribution est affecté par des formes d'inefficacité bureaucratique. Mais la plupart des travailleurs et paysans à Cuba apprécient le fait que ce système de rationnement permet à chacun de recevoir une part équitable de ce qui est disponible, même si cette part est petite.

La construction de nouveaux logements, de jardins d'enfants et d'autres projets spéciaux a ralenti. Les contingents spéciaux ont été réduits. La dynamique des mobilisations de travail volontaire des premières années de la rectification a cependant été canalisée vers un grand effort pour atteindre l'autosuffisance alimentaire à Cuba. Des centaines de milliers de Cubains se sont portés volontaires pour participer à des brigades de deux semaines de travail intensif dans les champs des fermes d'État. Des contingents spéciaux constitués de volontaires qui se sont engagés pour deux ans construisent des digues, développent le réseau d'irrigation et le système hydraulique et fournissent une main d'oeuvre qualifiée pour l'agriculture. À La Havane et dans plusieurs autres villes, des efforts spéciaux sont faits pour construire des entrepôts réfrigérés pour les produits agricoles et pour élargir le réseau des centres de distribution. Cela fait que la quantité de légumes, tubercules et fruits a nettement augmenté depuis le début du programme de production alimentaire. Le peuple travailleur est en train d'acquérir la confiance qu'avec le temps, Cuba sera capable de satisfaire ses besoins en nourriture.

Comme c'est aussi le cas de tous les pays d'Amérique latine et des Antilles, de l'Afrique et de la plus grande partie de l'Asie et du Pacifique, la dépendance de Cuba sur les importations alimentaires est un héritage de la surexploitation impérialiste. L'agriculture et l'élevage servant à nourrir la population de ces pays ont été détruits. Les terres arables ont été utilisées pour développer les cultures d'exportation au profit des entreprises impérialistes. Et la viande, les céréales et les aliments transformés ont été de plus en plus importés d'Europe, de l'Amérique du Nord, du Japon, de l'Australie et de la Nouvelle-Zélande. Dans le « monde sous-développé, le monde de la faim, » a dit Che Guevara lors d'une conférence internationale sur le commerce en mars 1964, « les projets pour accroître la production alimentaire — c'est-à-dire pour pouvoir manger — sont dans les faits découragés pour maintenir les prix actuels. Telle est la loi inexorable de la philosophie du pillage. Elle doit cesser d'être la norme dans les relations entre les peuples [32]. »

« Du point de vue de l'agriculture, » a-t-il dit dans un discours prononcé en 1961, « Cuba s'est donné comme objectif d'atteindre l'autosuffisance alimentaire [33], » en se concentrant sur des types de récoltes et d'élevage bien adaptés à son sol et à son climat.

Cet objectif a lui aussi été victime du tournant vers les priorités économiques de l'Union soviétique et de l'Europe de l'Est au début des années 70, qui a accompagné l'entrée de Cuba dans le Conseil d'assistance économique mutuelle (CAEM). Les premières mesures adoptées par Cuba pour atteindre l'autosuffisance alimentaire ont été en grande partie mises de côté sous la pression de ce que le CAEM considérait « une division socialiste internationale du travail ». Cuba a été chargé d'exporter du sucre, des agrumes et du nickel et d'importer un grand nombre de produits alimentaires et manufacturés. Les mesures entreprises pendant la rectification pour commencer à redresser ce déséquilibre ont été accélérées au début des années 90, quand le CAEM et les relations commerciales établies par Cuba depuis longtemps ont disparu en même temps.

Dans le but de développer rapidement les sources de devises étrangères, le gouvernement cubain a donné la priorité aux investissements dans le tourisme, la production de nickel et les produits pharmaceutiques et médicaux. Pour accroître les investissements dans ces secteurs, se créer des ouvertures sur les marchés mondiaux et contrer ainsi les pressions de l'embargo de Washington, il a encouragé les entreprises à participation conjointe avec le capital étranger.

Les conditions difficiles de la « période spéciale » ont fourni un nouveau prétexte aux couches privilégiées au sein de l'appareil d'État et du parti pour dire que, peu importe leurs mérites, ce n'est pas le moment d'appliquer à Cuba les perspectives économiques et sociales de Che Guevara sur la transition au socialisme. C'est cependant le contraire qui est vrai.

Dans le discours reproduit au début de ce livre, Fidel Castro insiste sur le fait que les perspectives pour lesquelles le Che a lutté au début de la révolution « sont d'une actualité absolue et totale, des idées sans lesquelles je suis convaincu qu'on ne peut pas construire le communisme. »

Cela demeure encore aujourd'hui le défi posé au peuple travailleur et aux révolutionnaires à Cuba. Ceux-ci ont démontré leur volonté de surmonter les énormes difficultés créées par les pressions économiques et politiques de l'impérialisme U.S. et l'effondrement des relations économiques avec l'Europe de l'Est et ce qui était l'Union soviétique. Maintenant plus que jamais, le défi est de réorganiser la planification et la gestion de l'économie ainsi que les relations sociales qui les soutiennent selon la perspective présentée par Che Guevara et décrite dans les pages qui suivent.

Comme le montre clairement ce livre, les perspectives d'Ernesto Guevara — codifiées dans le système de financement budgétaire — n'étaient pas des perspectives éparpillées, applicables seulement « dans les meilleures conditions ». Elles constituaient une approche intégrée pour organiser et mobiliser le travail collectif des travailleurs et des paysans et leur permettre de s'ajuster à toutes les conditions objectives particulières auxquelles ils peuvent être confrontés. Elles fournissent un cadre permettant à la classe ouvrière, en alliance avec les producteurs agricoles, de structurer l'organisation sociale et économique de l'État et de l'économie de façon à progresser vers la construction du socialisme tout en devenant une composante politiquement plus consciente, plus confiante et plus prolétarienne du mouvement communiste international.

* * *

Né en 1948, Carlos Tablada est un économiste qui enseigne à l'université de La Havane et qui a travaillé à l'administration d'entreprises d'État cubaines. Il collabore avec le Centre cubain d'étude sur les Amériques et le Centre de recherche sur l'économie mondiale. Complété en 1984, le manuscrit de ce livre a reçu le Prix spécial

Ernesto Che Guevara au concours littéraire de 1987 de Casa de las Américas, une institution culturelle située à La Havane.

Une première édition du manuscrit de Carlos Tablada a été publiée à Cuba en 1987 en deux tirages restreints, sous le titre *El pensamiento económico de Ernesto Che Guevara* [La pensée économique d'Ernesto Che Guevara]. Le livre a eu un grand succès lorsqu'une seconde édition en a été publiée par la maison d'édition de Casa de las Américas au début de 1988. Plus de 250 000 exemplaires du premier tirage ont été vendus à Cuba en quelques semaines.

La présente édition est la version française d'une troisième édition cubaine. Elle incorpore plusieurs citations additionnelles des travaux de Che Guevara suggérées par l'auteur. La traduction française a été faite par Leonor Goldstein, avec l'aide d'une équipe d'autres volontaires à Montréal et à Paris. L'édition française a été réalisée sous la direction de Michel Dugré à Montréal.

Depuis la publication de ce livre en espagnol, Carlos Tablada a visité plusieurs pays pour faire connaître la contribution politique et théorique de Che Guevara et son importance pour la révolution cubaine aujourd'hui. En Amérique latine, il s'est rendu en Argentine, en Bolivie, au Chili, en Équateur, au Mexique, au Nicaragua, au Panama, au Pérou et au Venezuela, dans certains cas plus d'une fois. Il a effectué une tournée de deux semaines au Canada à l'automne de 1989. En avril et mai 1990, il a visité une trentaine de villes des États-Unis, où il est retourné en novembre et décembre 1991 dans le cadre d'une tournée qui l'a conduit dans quinze villes. À la fin de 1990 et au début de 1991, il a visité dix pays de l'Europe de l'Ouest : le Danemark, l'Espagne, les Îles Féroé, la Finlande, la France, la Grande-Bretagne, la Grèce, l'Islande, la Norvège et la Suède. Il s'est rendu en Italie en 1988 et en 1989.

Les notes à la fin du livre fournissent des références en français pour les citations qui sont utilisés dans ce livre.

Nous avons cependant traduit de l'espagnol toutes les citations de Che Guevara, à l'exception de celles qui proviennent de son texte « Le socialisme et l'homme à Cuba », que nous avons tirées de la brochure du même nom publiée par les éditions Pathfinder en 1989. On pourra trouver dans la section sur les lectures supplémentaires une liste de livres du Che en français. Les citations de Vladimir I. Lénine ont toutes été tirées des *Oeuvres* (Moscou, Éditions du Progrès). Quelques améliorations grammaticales ont parfois été apportées au texte.

La série de neuf volumes publiée sous le titre *Ernesto Che Guevara: Escritos y discursos* (La Havane, Editorial de Ciencias Sociales, 1977) constitue l'édition la plus complète des écrits et discours de Che Guevara encore disponible. Une édition en sept tomes publiée en tirage très limité par le ministère du Sucre en 1967 est depuis longtemps épuisée. L'imposante bibliographie rédigée par Carlos Tablada et reproduite à la fin de ce livre décrit le contenu de la plus grande partie de l'édition du ministère du Sucre. Elle donne une idée de l'ampleur des écrits et discours de Che Guevara. Beaucoup de travail reste à faire pour reproduire ce matériel ainsi que beaucoup d'autres écrits et discours de Che Guevara. Nous espérons que la publication par Pathfinder, d'abord en anglais et maintenant en français, de cette étude de la contribution de Che Guevara marquera un pas vers la publication d'un nombre croissant de ses textes et leur traduction dans ces deux langues au cours des prochaines années.

Nous remercions Prensa Latina et le journal *Granma* pour les photographies qu'ils ont mises à notre disposition pour cette édition.

1er août 1992

NOTES

1. Fidel Castro, discours du 29 novembre 1987 aux dirigeants du Parti communiste dans la ville de La Havane, publié dans le *Résumé hebdomadaire Granma* du 13 décembre 1987.

2. Le discours prononcé par Fidel Castro le 8 octobre 1987 pour commémorer le vingtième anniversaire de la mort d'Ernesto Che Guevara a été reproduit dans *Che Guevara : l'économie et la politique dans la transition au socialisme* (Pathfinder, New York, 1992, 2001) sous le titre « Les idées du Che sont d'une actualité absolue et totale ».

3. Ernesto Che Guevara, « La vraie nature de l'alliance pour le progrès », dans *Hoy*, 9 août 1961.

4. E. Guevara, « Le socialisme et l'homme à Cuba », 12 mars 1965, dans *Le socialisme et l'homme à Cuba*, Pathfinder, New York, 1989, 2009, p. 15 du tirage de 2010.

5. F. Castro, « Des problèmes importants pour l'ensemble de la pensée révolutionnaire internationale », dans *Nouvelle Internationale*, no 3, 1988, 1994, p. 235 du tirage de 2009.

6. Des articles rédigés par Che Guevara au cours de ce débat ainsi que des textes d'une discussion sur les perspectives du Che à la fin des années 80 et au début des années 90 ont été publiés en anglais dans le no 8 de *New International* et en espagnol dans le no 2 de *Nueva Internacional*, sous le titre : « Che Guevara, Cuba et la voie vers le socialisme ».

7. F. Castro, discours au rassemblement pour marquer l'assassinat de Che Guevara à la Plaza de la Revolución, le 18 octobre 1967, publié le lendemain dans *Granma*.

8. Nelson Mandela, discours prononcé à La Havane, le 26 juillet 1991, publié dans le *Granma international* du 11 août 1991. Aussi disponible dans *L'internationaliste* de septembre-novembre 1991, p. 29.

9. Ibid., dans *L'internationaliste*, p. 30.

10. F. Castro, « Des problèmes importants pour l'ensemble de la pensée révolutionnaire internationale », op. cit., p. 236.

11. Ibid., p. 235.

12. Ibid., p. 234.

13. F. Castro, « Le renouvellement ou la mort », *Nouvelle Internationale*, no 3, 1988, 1994, p. 272 du tirage de 2009.

14. F. Castro, discours à la clôture du cinquième congrès de l'Union des jeunes communistes, publié dans le *Résumé hebdomadaire Granma* du 19 avril 1987, p. 11.

15. F. Castro, « Des problèmes importants pour l'ensemble de la pensée révolutionnaire internationale », op. cit., p. 239.

16. F. Castro, « Jamais nous n'adopterons les méthodes du capitalisme », publié dans le *Résumé hebdomadaire Granma* du 7 août 1988. Aussi disponible dans *Lutte ouvrière*, décembre 1988, p. 23.

17. F. Castro, « Des problèmes importants pour l'ensemble de la pensée révolutionnaire internationale », op. cit., p. 239.

18. Ibid., p. 251.

19. Ibid., p. 242.

20. F. Castro, discours à la clôture du cinquième congrès de l'Union des jeunes communistes, op. cit., p. 11.

21. F. Castro, « Des problèmes importants pour l'ensemble de la pensée révolutionnaire internationale », op. cit., p. 244.

22. Ibid., p. 245.

23. F. Castro, Discours à la session plénière de la réunion du conseil national de la Centrale des travailleurs de Cuba, le 14 janvier 1987, publié dans le *Résumé hebdomadaire Granma* du 1er février 1987.

24. Ibid.

25. Ibid.

26. Ibid.

27. F. Castro, « Des problèmes importants pour l'ensemble de la pensée révolutionnaire internationale », op. cit., p. 250.

28. F. Castro, discours à la clôture du cinquième congrès de l'Union des jeunes communistes, op. cit., p. 12.

29. F. Castro, discours du 29 novembre 1987 aux dirigeants du Parti communiste dans la ville de La Havane, op. cit.

30. F. Castro, discours du 9 juillet 1989 au Conseil d'État, publié dans le *Résumé hebdomadaire Granma* du 23 juillet 1989.

31. F. Castro, discours d'ouverture du quatrième congrès du Parti communiste de Cuba, 10 octobre 1991, publié dans le *Résumé hebdomadaire Granma* du 3 novembre 1991.

32. E. Guevara, discours prononcé à la Conférence mondiale sur le commerce et le développement, le 25 mars 1964, à Genève, *El Che en la Revolución Cubana,* 7 tomes, La Havane, Ed. Ministerio del Azúcar, 1966, t. 5, p. 91 à 93.

33. E. Guevara, discours prononcé comme délégué de Cuba à une conférence ministérielle du Conseil économique et social interaméricain, à Puntal del Este, le 8 août 1961, publié dans *Revolución* du 10 août 1961.

de Pathfinder
MALCOLM X, LA LIBÉRATION DES NOIRS ET LA VOIE VERS LE POUVOIR OUVRIER

JACK BARNES

« Ne commencez pas avec les Noirs en tant que nationalité opprimée. Commencez avec la place et le poids d'avant-garde des travailleurs qui sont noirs dans les grandes luttes politiques et sociales dirigées par le prolétariat aux États-Unis. De la guerre civile à aujourd'hui, le bilan est ahurissant. C'est la force et la résistance qui vous sidèrent, pas l'oppression. » *Jack Barnes*

Tirant les leçons d'un siècle et demi de lutte, ce livre nous aide à comprendre pourquoi c'est la conquête révolutionnaire du pouvoir par la classe ouvrière qui rendra possible la bataille finale pour la libération des Noirs — et ouvrira la voie à un monde basé non pas sur l'exploitation, la violence et le racisme, mais sur la solidarité humaine. Un monde socialiste.

20 $ US. Aussi en anglais et en espagnol.

À lire en complément à
LE VISAGE CHANGEANT DE LA POLITIQUE AUX ÉTATS-UNIS

La politique ouvrière et les syndicats
JACK BARNES

Un guide pour les travailleurs qui cherchent à construire le genre de parti nécessaire pour nous préparer aux batailles de classe qui viennent, dans lesquelles nous nous révolutionnerons, révolutionnerons nos syndicats et révolutionnerons toute la société.

24 $ US. Aussi en anglais, espagnol et suédois.

WWW.PATHFINDERPRESS.COM

Nouvelle Internationale
UNE REVUE DE POLITIQUE ET DE THÉORIE MARXISTES

NOUVELLE INTERNATIONALE N° 7
Le long hiver chaud du capitalisme a commencé
Jack Barnes
Et « *Leur transformation et la nôtre,* » *résolution du Parti socialiste des travailleurs*
Les conflits interimpérialistes qui s'aiguisent aujourd'hui sont alimentés à la fois par le début de ce qui sera des décennies de convulsions économiques, financières et sociales et de batailles de classe, et par le plus important changement dans la politique et l'organisation militaires de Washington depuis l'escalade U.S. qui a conduit à la deuxième guerre mondiale. Les travailleurs ayant un esprit de lutte de classe doivent faire face à ce point tournant de l'impérialisme et prendre plaisir à projeter avec audace un cours révolutionnaire pour y faire face. 16 $ US

NOUVELLE INTERNATIONALE N° 8
Notre politique commence avec le monde
Jack Barnes
Les énormes inégalités économiques et culturelles qui existent entre les pays impérialistes et semi-coloniaux et entre les classes de presque tous les pays sont produites, reproduites et accentuées par le fonctionnement du capitalisme. Pour que les travailleurs d'avant-garde puissent construire des partis capables de diriger une lutte révolutionnaire victorieuse dans nos propres pays, dit Jack Barnes, nous devons guider notre activité avec une stratégie visant à combler cet écart. *Contient aussi* : « L'agriculture, la science et les classes travailleuses » *de Steve Clark* ; « Capitalisme, travail et nature, » *un échange entre Richard Levins et Steve Clark*. 14 $ US

CES NUMÉROS SONT AUSSI DISPONIBLES EN ANGLAIS, ESPAGNOL, SUÉDOIS, ET ARABE À
WWW.PATHFINDERPRESS.COM

Une révolution socialiste est-elle possible aux États-Unis ?
MARY-ALICE WATERS

Dans deux présentations faites au Salon du livre international du Venezuela en 2007 et 2008, Mary-Alice Waters explique pourquoi une révolution socialiste est possible aux États-Unis. Et pourquoi les travailleurs mèneront inévitablement des luttes révolutionnaires, que les classes possédantes nous obligeront à livrer en s'attaquant à nous sous la pression de la crise. Alors que la solidarité s'approfondit parmi une avant-garde ouvrière combative, on peut déjà entrevoir les contours des batailles de classe qui viennent. 7 $ US. Aussi en anglais, espagnol et suédois.

Cuba et la révolution américaine à venir
JACK BARNES

La révolution cubaine de 1959 a eu un impact politique à travers le monde, y compris sur les travailleurs et les jeunes aux États-Unis. Au début des années 1960, dit Jack Barnes, « la lutte prolétarienne de masse pour abattre le système légal de ségrégation de Jim Crow dans le Sud marchait au pas vers des victoires sanglantes en même temps que la révolution cubaine allait de l'avant. » La profonde transformation sociale pour laquelle les travailleurs et paysans de Cuba s'étaient battus et qu'ils avaient gagnée a donné l'exemple qu'une révolution socialiste est non seulement nécessaire, mais que les travailleurs et les agriculteurs du coeur impérialiste peuvent aussi la faire et la défendre. Deuxième édition, avec une nouvelle préface de Mary-Alice Waters. 10 $ US. Aussi en anglais, et en espagnol.

www.pathfinderpress.com

La lutte des classes

Rébellion Teamster
Farrell Dobbs

Racontées par un dirigeant central de ces batailles, les grèves de 1934 qui ont construit le mouvement des syndicats industriels à Minneapolis et contribué à l'essor du CIO en Amérique du Nord. Le premier d'une série de quatre livres sur la direction de lutte de classe de ces grèves et des campagnes de syndicalisation qui ont transformé le syndicat des Teamsters en un mouvement social de combat dans la plus grande partie du Midwest et montré la voie en avant vers l'action politique ouvrière indépendante. 19 $ US.
Aussi en anglais, espagnol et suédois.

Les dix premières années du communisme américain
Le rapport d'un participant
James P. Cannon

Un dirigeant fondateur du mouvement communiste aux États-Unis raconte l'histoire des premières années d'effort pour construire un parti prolétarien qui suive l'exemple donné par la direction bolchevique de la révolution d'octobre 1917 en Russie. Cannon écrit entre autre : « Tout ce qui était nouveau et progressiste sur la question noire est venu de Moscou, après la révolution de 1917 et comme un résultat de celle-ci. » En anglais. 22 $ US

The Great Labor Uprising of 1877
[Le grand soulèvement syndical de 1877]
Philip S. Foner

En 1877, une bataille des cheminots contre des coupures de salaire en Virginie occidentale paralyse le système ferroviaire U.S. et devient la première grève générale nationale du pays. Salué par Karl Marx comme la « première éruption contre l'oligarchie associée du capital depuis la guerre civile » U.S., le soulèvement coïncide avec la trahison par la bourgeoisie de la reconstruction radicale dans le Sud et le début de la montée de l'impérialisme U.S. et de son cours contre-révolutionnaire à travers le monde. En anglais. 23 $ US

aux États-Unis

America's Revolutionary Heritage
[L'héritage révolutionnaire de l'Amérique]
George Novack

Une analyse matérialiste de chapitres clé de l'histoire de la lutte de classe aux États-Unis : du génocide des Amérindiens aux deux premières révolutions américaines — la guerre d'indépendance et la guerre qui a renversé le système d'esclavage — à la montée du capitalisme industriel et à la première vague de la lutte pour les droits des femmes. En anglais. 25 $ US

Lutter contre le racisme dans la deuxième guerre mondiale
Tiré des pages du Militant

De 1939 à 1945, un compte rendu hebdomadaire des luttes contre la discrimination raciste et la terreur de masse des lyncheurs, luttes qui se menaient sans égard aux appels patriotiques à remettre cette résistance après la « victoire » U.S. dans la deuxième guerre mondiale. Composante de la montée des luttes anti-impérialistes en Afrique, en Asie et dans les Amériques, ces batailles ont aidé à jeter les bases du mouvement de masse pour les droits des Noirs dans les décennies qui ont suivi la guerre. En anglais. 25 $ US

L'histoire du trotskysme américain, 1928-1938
Le rapport d'un participant
James P. Cannon

« Le trotskysme n'est pas un nouveau mouvement, une nouvelle doctrine, mais la restauration, la renaissance du marxisme véritable tel qu'il a été exposé et appliqué au cours de la révolution russe et des premiers jours de l'Internationale communiste. » Dans cette série de 12 présentations faites en 1942, James P. Cannon raconte un épisode décisif des efforts déployés pour construire un parti prolétarien aux États-Unis. 22 $ US. Aussi en anglais et en espagnol.

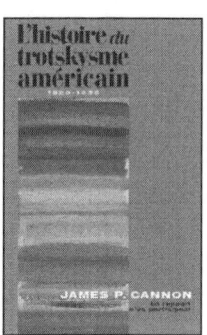

www.pathfinderpress.com

La révolution cubaine et la

**Les femmes à Cuba :
La réalisation d'une révolution au sein de la révolution**
Vilma Espín, Asela de los Santos, Yolanda Ferrer

La révolution sociale qui a renversé en 1959 la dictature sanglante de Fulgencio Batista a commencé dans les rues de villes comme Santiago de Cuba et dans les zones montagneuses libérées par l'Armée rebelle dans l'est de Cuba. L'intégration sans précédent des femmes dans les rangs et la direction de la lutte est une véritable mesure de son cours révolutionnaire jusqu'à aujourd'hui. Voici les témoignages de première main de femmes qui ont contribué à sa réalisation et qui en racontent l'histoire — et de « la révolution qui a eu lieu en son sein. » Introduction de Mary-Alice Waters. En anglais et en espagnol. 20 $ US

Le renouvellement ou la mort
Fidel Castro

« Il ne suffit pas de voter des lois établissant l'égalité pour que l'égalité totale règne, » dit Fidel Castro aux délégués du congrès du Parti communiste de Cuba en 1986 en soulignant les énormes conquêtes de la révolution dans la lutte contre le racisme anti-noir. « La spontanéité ne suffit pas à rectifier les injustices historiques. Il faut redresser ce que l'histoire a tordu. » Dans *Nouvelle Internationale* n° 3. 15 $ US

Che Guevara : l'économie et la politique dans la transition au socialisme
Carlos Tablada

Puisant abondamment dans les écrits et les discours de Che Guevara sur la construction du socialisme, ce livre examine les relations entre le marché, la planification économique, les stimulants matériels et le travail volontaire. Il explique pourquoi le profit et les autres catégories capitalistes ne peuvent servir à mesurer les progrès accomplis dans la transition au socialisme. 21 $ US. Aussi en anglais et en espagnol.

www.pathfinderpress.com

politique mondiale

Les Cinq Cubains
Qui sont-ils, pourquoi sont-ils victimes d'un coup monté, pourquoi doivent-ils être libres
Martín Koppel, Mary-Alice Waters et autres

Cinq révolutionnaires cubains sont emprisonnés aux États-Unis depuis 1998, faussement accusés de faire partie d'un « réseau d'espionnage cubain » en Floride. Gerardo Hernández, Ramón Labañino, Antonio Guerrero, Fernando González et René González surveillaient pour le gouvernement cubain des organisations de droite ayant une longue histoire d'attaques armées contre Cuba à partir du sol U.S. Des articles tirés de l'hebdomadaire *The Militant* présentent la vérité sur le coup monté et sur la lutte internationale pour le renverser. En anglais et en espagnol. 5 $ US

Le socialisme et l'homme à Cuba
Ernesto Che Guevara, Fidel Castro

S'appuyant sur son expérience de dirigeant central de la révolution cubaine, Che Guevara explique pourquoi la transformation révolutionnaire des relations sociales implique nécessairement la transformation des travailleurs qui organisent et dirigent ce processus. « Pour construire le communisme, il faut développer l'homme nouveau en même temps que la base matérielle. » Contient aussi le discours prononcé à l'occasion du vingtième anniversaire de la mort de Che Guevara par le président cubain Fidel Castro. 7 $ US. Aussi en anglais, espagnol et farsi.

Les Première et Deuxième déclarations de La Havane
Manifestes de la lutte révolutionnaire dans les Amériques adoptés par le peuple de Cuba

Nulle part, les questions de stratégie révolutionnaire auxquelles font face les hommes et les femmes qui sont aujourd'hui sur le front de la lutte dans les Amériques ne sont abordées avec plus de véracité et de clarté que dans ces mises en accusation sans compromis du pillage impérialiste et de l'« exploitation de l'homme par l'homme. » Deux documents adoptés par des assemblées réunissant des millions de Cubains en 1960 et 1962. 10 $ US. Aussi en anglais, arabe et espagnol.

De la dictature du capital...

Le Manifeste communiste
Karl Marx, Friedrich Engels
Pourquoi toute l'histoire jusqu'à nos jours est-elle « l'histoire de la lutte des classes » ? Pourquoi l'État capitaliste n'est-il « qu'un comité qui gère les affaires communes de la bourgeoisie toute entière » ? Pourquoi la lutte pour le « prolétariat organisé en classe dominante » ouvre-t-elle la seule voie en avant pour l'humanité ? Abordées en 1848 dans le document fondateur du mouvement ouvrier moderne, les réponses à ces questions demeurent aussi fondamentales aujourd'hui qu'elles l'étaient à l'époque. 5 $ US. Aussi en anglais, arabe et espagnol.

La guerre civile en France
Karl Marx
En 1871, le peuple travailleur insurgé de Paris se soulève et établit le premier gouvernement ouvrier de l'histoire, que les troupes de la bourgeoisie française écraseront dans le sang 72 jours plus tard. À l'occasion du vingtième anniversaire du compte rendu de la Commune de Paris écrit pendant son déroulement par Marx, Engels dit : le misleader petit-bourgeois dans le mouvement ouvrier « a été récemment saisi de terreur salutaire en entendant prononcer le mot de dictature du prolétariat. Eh bien, messieurs, voulez-vous savoir de quoi cette dictature a l'air ? Regardez la Commune de Paris. » Dans les *Oeuvres choisies* de Marx et Engels. 35 $ US

L'État et la révolution
V. I. Lénine
« La question de l'attitude de la révolution socialiste du prolétariat envers l'État n'acquiert pas seulement une importance politique pratique, » écrit Lénine dans la préface à cette brochure terminée quelques mois avant la révolution russe d'octobre 1917. Elle revêt aussi « un caractère d'actualité brûlante, car il s'agit d'éclairer les masses sur ce qu'elles auront à faire pour se libérer du joug du capital. » 5,95 $ US

www.pathfinderpress.com

...à la dictature du prolétariat

Le dernier combat de Lénine
Écrits et discours, 1922-1923
V. I. Lénine

En 1922 et 1923, V. I. Lénine, le dirigeant central de la première révolution socialiste dans le monde, a livré ce qui allait être sa dernière bataille politique. L'enjeu en était la poursuite par la révolution du cours prolétarien qui avait porté en octobre 1917 les travailleurs et paysans au pouvoir — et jeté les bases d'un véritable mouvement révolutionnaire mondial de travailleurs s'organisant pour imiter l'exemple des bolcheviks. *Le dernier combat de Lénine* rassemble les rapports, les articles et les lettres à travers lesquels Lénine a livré cette bataille politique. En anglais et en espagnol. 20 $ US

L'histoire de la révolution russe
Léon Trotsky

Le récit classique de la dynamique sociale et politique de la première révolution socialiste, raconté par l'un de ses dirigeants centraux. Trotsky décrit comment, sous la direction de Lénine, le Parti bolchevique a conduit la classe ouvrière, la paysannerie et les nationalités opprimées à renverser le régime monarchiste des propriétaires fonciers et des capitalistes et à porter au pouvoir une république ouvrière et paysanne qui a donné un exemple aux travailleurs du monde entier. 29,95 $ US. Aussi en anglais et en russe.

Défense du marxisme
*Contre l'opposition petite-bourgeoise
dans le Parti socialiste des travailleurs*
Léon Trotsky

Dans ces textes écrits en 1939-1940, Léon Trotsky répond à ceux qui battaient en retraite dans le mouvement ouvrier révolutionnaire devant la nécessité de défendre l'Union soviétique face à l'assaut impérialiste imminent. Il y décrit comment les pressions croissantes du patriotisme bourgeois sur les classes moyennes trouvaient un écho jusque dans le mouvement communiste durant les préparatifs de Washington pour entrer dans la guerre impérialiste qui se généralisait en Europe. Et il y explique pourquoi seul un parti qui lutte pour intégrer un nombre croissant de travailleurs dans ses rangs et dans sa direction peut garder un cours révolutionnaire stable. En anglais et en espagnol. 25 $ US

Aussi de Pathfinder

LE DÉSORDRE MONDIAL DU CAPITALISME
Jack Barnes

La dévastation sociale et les paniques financières, le durcissement de la politique, la brutalité policière, la militarisation de la vie quotidienne et les actes d'agression impérialiste — aucune de ces réalités n'est le produit de quelque chose qui s'est détraqué dans le capitalisme, mais bien des lois qui régissent son fonctionnement. La lutte unitaire des travailleurs et des agriculteurs de plus en plus conscients de leur capacité de transformer le monde peut changer l'avenir. 25 $ US. Aussi en anglais et en espagnol.

LES COSMÉTIQUES, LA MODE ET L'EXPLOITATION DES FEMMES
Joseph Hansen, Evelyn Reed, Mary-Alice Waters

Comment le grand capital joue sur le statut inférieur et l'insécurité sociale des femmes pour vendre des cosmétiques et empocher des profits. L'introduction de Mary-Alice Waters explique comment l'entrée de millions de femmes sur le marché du travail durant et après la deuxième guerre mondiale a transformé de manière irréversible la société U.S. et jeté les bases d'une nouvelle montée des luttes pour l'émancipation des femmes. En anglais et en farsi. 15 $ US

L'ÉMANCIPATION DES FEMMES ET LA LUTTE DE LIBÉRATION DE L'AFRIQUE
Thomas Sankara

« Il n'y a de révolution sociale véritable que lorsque la femme est libérée, » explique le dirigeant de la révolution qui a eu lieu au Burkina Faso de 1983 à 1987. Les paysans et les travailleurs de ce pays d'Afrique de l'Ouest ont établi un gouvernement révolutionnaire populaire et commencé à combattre la faim, l'analphabétisme et l'arriération économique imposés par la domination impérialiste. 8 $ US. Aussi en anglais, espagnol et farsi.

MALCOLM X PARLE AUX JEUNES
Malcolm X

Quatre discours et une entrevue donnés à des jeunes au Ghana, au Royaume-Uni et aux États-Unis dans les derniers mois de la vie de Malcolm X. Il y discute de l'intervention impérialiste au Congo et au Viêt-nam, pourquoi il a cessé d'utiliser le terme de « nationalisme noir » pour se décrire, et d'autres questions. Ce recueil contient les hommages rendus par un jeune dirigeant socialiste à ce grand dirigeant révolutionnaire après son assassinat. 15 $ US. Aussi en anglais et en espagnol.

THOMAS SANKARA PARLE
LA RÉVOLUTION AU BURKINA FASO, 1983-1987
Thomas Sankara

Sous la direction de Thomas Sankara, le gouvernement révolutionnaire du Burkina Faso en Afrique de l'Ouest a donné un exemple électrisant. Il a mobilisé les paysans, les travailleurs, les femmes et les jeunes pour mener des campagnes d'alphabétisation et de vaccination ; creuser des puits, planter des arbres, construire des barrages et des logements ; combattre l'oppression des femmes et transformer les relations d'exploitation à la campagne ; se libérer du joug impérialiste et se solidariser avec ceux qui étaient engagés dans le même combat ailleurs dans le monde. 24 $ US. Aussi en anglais.

LA LUTTE POUR UN PARTI PROLÉTARIEN
(EXTRAITS)
James P. Cannon

« Les travailleurs de l'Amérique, écrit James P. Cannon, sont assez puissants pour renverser la structure du capitalisme ici et pour soulever le monde entier en se dressant. » À la veille de la deuxième guerre mondiale, un fondateur du mouvement communiste aux États-Unis et un dirigeant de l'Internationale communiste sous Lénine défend le programme et les normes de construction du parti du bolchevisme. 8 $ US. Aussi en anglais et en espagnol.

www.pathfinderpress.com

LA CLASSE OUVRIÈRE ET LA TRANSFORMATION DE L'ÉDUCATION

L'IMPOSTURE DE LA RÉFORME DE L'ÉCOLE SOUS LE CAPITALISME

Jack Barnes

« Jusqu'à ce que la société soit réorganisée de façon à ce que l'éducation soit une activité humaine de notre prime jeunesse à notre mort, il n'y aura pas d'éducation digne de l'humanité travailleuse et créatrice. » Aussi en anglais, espagnol, farsi, grec, islandais et suédois. 3 $ US

L'IMPÉRIALISME, STADE SUPRÊME DU CAPITALISME

V. I. Lénine

« J'ose espérer, » écrit Lénine au milieu de la première guerre mondiale, « que ma brochure aidera à l'intelligence d'un problème économique capital, sans l'étude duquel il est impossible de rien comprendre à ce que sont les guerres d'aujourd'hui et la politique d'aujourd'hui ; je veux parler de la nature économique de l'impérialisme. » 7.95 $ US. Aussi en anglais et en espagnol.

MAURICE BISHOP SPEAKS

THE GRENADA REVOLUTION AND ITS OVERTHROW, 1979-83

[Maurice Bishop parle : la révolution à la Grenade et son renversement, 1979-1983]

Le triomphe de la révolution de 1979 dans l'île antillaise de la Grenade, a dit son principal dirigeant Maurice Bishop, était « important pour toutes les luttes à travers le monde. » On trouvera de précieuses leçons de ce gouvernement des travailleurs et des agriculteurs, renversé dans un coup d'État stalinien en 1983, dans ce recueil de discours et entrevues. 25 $ US. En anglais.

www.pathfinderpress.com